LES AMOURS
DE
BASTIEN
ET
BASTIENE,
PARODIE
DU DEVIN DE VILLAGE.

Par Madame FAVART, & Monsieur HARNY.

REPRESENTÉE POUR LA PREMIERE
fois, par les COMÉDIENS ITALIENS Ordinaires
du Roi, le Mercredi 26 Septembre 1753.

Prix 2 l. 10 s.

A PARIS,

Chez { La Veuve DELORMEL, & Fils, rue du Foin, à l'Image Sainte Geneviéve.
Et PRAULT Fils, Quai de Conti.

M. D. CC. LIV.
AVEC PRIVILEGE DU ROY.

ACTEURS.

BASTIEN.   M*r*. Rochard.
BASTIENNE.   M*me*. Favart.
COLAS.   M*r*. Chanville.
PAYSANS, PAYSANNES.

LES AMOURS
DE BASTIEN
ET BASTIENNE;
PARODIE
DU DEVIN DE VILLAGE.

Le Théâtre représente un Hameau avec un fond de Paysage.

SCENE PREMIERE.
BASTIENNE, *seule.*
Air Noté: N°. 1. *J'ai perdu mon âne.*

J'ONS pardu mon ami,
Depis c'tems-là j'nons point dormi,
Je n'vivons pus qu'à d'mi.
J'ons pardu mon ami,
J'en ons le cœur tout transi,
Je m'meurs de souci.

A ij

LES AMOURS

Air : *Noté N°. 2. Lucas tu t'en vas.*

Hélas !
Tu t'en vas,
Tu quittes ta maîtresse,
J'en mourrai Bastien : hélas !
Tu t'en vas !
Bastien, ça n'se fait pas. *(fin.)*
Ta foi
Est à moi,
J'aviens ta promesse,
Pour rien,
Mon Bastien,
Maugré ça m' délaisse.
Hélas, &c.

Je l'appelle à toute heure,
Quand j'y pensons je pleure,
Et j'y pensons toujours.
Pour eune plus jolie,
Le parfide m'oublie,
Adieu mes amours.
Hélas, &c.

Air : *Eh ! couffi, couffa.*

Chaqu'jour dans la Prairie,
J'allons nonchalament
A présent ;
J'y vois pour compagnie
Mon troupiau seulement ;
Eh ! ouida, aga,
Qu'est qu'c'est qu'ça ?
Aga, l'biau p'aisir que vla !

Même Air.

Le foir après l'ouvrage
Je n'pouvons pus chanter,
Ni fauter.
De retour au Village,
Que faire ?.. refter-là.
Eh ! oui-da, aga,
Qu'eft qu'ceft qu'ça ?
Aga, l'biau plaifir que vla !

SCENE II.
BASTIENE, COLAS.

COLAS, *defcend d'une coline, en chantant & s'accompagnant de fa cornemufe.*

Air : Noté N°. 3

Quand un tendron viant dans ces lieux,
Confulter ma fcience,
Tout mon grimoire eft dans fes yeux,
J'y lifons ce qu'all'penfe,
Je d'vinons tout nettement,
Que pour un Amant
Alle en tient là, la la
Oh, oh, ah, ah, ah, ah,
N'faut pas êtr' grand forcier pour ça, la, la.

Même air.

Life à Piarrot s'en vad'mandant,

Pourquoi qu'alle foupire?
Le gros benêt en la r'gardant,
Rit & n'fait que li dire.
J'l'inftruifis dans un inftant,
Et d'un air content,
All' me r'mercia, la, la,
Oh, oh! ah, ah, ah, ah,
N'faut pas êtr' grand forcier pour ça, la, la.

BASTIENNE.

Air: *Ah mon mal ne vient que d'aimer.*

Colas voulais-vous me farvir?
Ouida, ma Reine, avec plaifir.
Voyons qu'exigeais-vous de moi?

BASTIENNE.

Au chagrin qui m' poffede,

En lui faifant une grande révérence

Comm' forcier, vous pouvais, je croi,

Apporter queuqu' remede.

COLAS.

Air: *La bonne aventure.*

Vous vous adreffais au mieux
Je vous en affure:
J'ons des fecrets marveilleux

Pour apprendre à deux biaux yeux
La bonne aventure,
O'gué,
La bonne aventure.

BASTIENNE.

Air : *M. le Prevôt des Marchands.*

Monsieu Colas, j'nons point d'argent,
Mais d'ces blouques j'vous frons présent;
All' sont d'or fin.

COLAS.

Non, non, ma fille.

BASTIENNE.

Quoi, vous voulais me refuser?

COLAS.

Mon enfant, quand on est gentille,
Je tiens quitte pour un baiser.

Il veut l'embrasser.

BASTIENNE.

Air : *Hélas maman c'est bien dommage.*

Non, non, Colas, n'en faites rien:
Tous mes baisers sont à Bastien,
Et je les gard' pour not' mariage;
Mais souffrais que j'vous consultions:
Dites, faut-il que je mourions?

COLAS.
Mourir si jeune, ah queu dommage !
BASTIENE.
Air : *De tous les Capucins du monde.*
On dit partout qu'il m'a quittée.
COLAS.
Rassurais vot' ame agitée,
BASTIENE.
Se pourroit-il ? ah ! queu bonheur !...
Est-c' qu' i' m'trouveroit encor belle ?
COLAS.
Il vous aime de tout son cœur.
BASTIENE.
Et pourtant il est infidele.
COLAS.
Air : *Pourvû que Colin me voez-vous.*
Vôt' Bastien n'est qu'un peu coquet ;
N'en ayais point d'ombrage.
Ma chere enfant, qu'est qu'ça vous fait ?
Votre biauté l'engage.
BASTIENE.
Mais s'il do't être mon Epoux,
Dam', je n'veux point d' partage,
Voyais-vous ?
COLAS.
Ce cher Amant n'est point un parjure,
Mais il aim' la parure.

DE BASTIEN ET BASTIENE.

BASTIENE.

Air: Noté de Titon N°. 4. *Ce ruisseau qui dans la Pleine.*

Autrefois à sa Maîtresse
Quand il voloit une fleur,
Il marquoit tant d'allégresse,
Qu'alle passoit dans mon cœur.
Pourquoi reçoit-il ce gage
D'eune autre Amante aujourd'hui?
Avions-je dans le Villag:
Queuq' chos' qui ne fût à lui?
Mes troupiaux & mon laitage,
A mon Bastien, tout étoit:
Faut-il qu'eune autre l'engage, } bis.
Après tout ce que j'ai fait?

Même Air.

Pour qu'il eut tout l'avantage
A la Fête du Hamiau,
De ribans à tout étage
J'ons embelli son chapiau;
D'eune gentille rosette
J'ons orné son flageolet:
C'n'est pas que je la regrette:
Malgré moi l'ingrat me plait;
Mais pour parer ce volage,
J'ons défait mon biau cortet.
Faut-il qu'eune autre l'engage, } bis.
Après tout ce que j'ai fait?

LES AMOURS

COLAS.

Air : *Pierrot se plaint que sa femme.*

La Dame de ce Village
L'oblige bian autrement :
Pour attirer son hommage,
'All' paye assez richement
  Sa complaisance.
Manque t'on jamais d'Amant,
  Quand on finance ?

BASTIENNE.

Air : *A notre bonheur l'Amour préside.*

Si j'voulions être un tantet coquette,
Et prêter l'oreille aux favoris,
Que je serions aisément emplette
Des plus galans Monsieux de Paris !
Mais Bastien est l'seul qui peut nous plaire,
  Et j'ons sans mistere,
   Toujours répondu :
Laissez-nous, Messieux, je somm'trop sage,
  Sachez qu'au Village
   J'ons de la vartu.

Même Air.

Au déclin du jour, près d'un bocage,
Un jeune Monsieu des plus gentis
Vouloit dans un brillant équipage
Nous mener, s'dit-il, jusqu'à Paris :

Il vouloit m'donner ribans, dentelle;
  Mais toujours fidele,
  J'y avons répondu :
Laissez-nous, Monsieu, je somm'trop sage,
  Sachez qu'au Village
  J'ons de la vartu.

Même Air.

En honneur, je vous trouvons charmante,
Me dit un jour un petit Colet,
Venez, vous ferez ma gouvarnante,
Cheux moi vous vous plairez tout à fait.
Tous ces biaux discours n'étions qu'finesse,
  J'ons connu l'adresse,
  Et j'ons répondu :
Laissez-nous, Monsieu, je somm'trop sage,
  Sachez qu'au Village
  J'ons de la vartu.

COLAS.

Air Noté : N°. 5. Buveur fidele.

 De ce volage
 Colas répond.
Je veux qu'il se rengage;
Mais prenez un autre ton;
Devenez un peu fine,
Légere & badine;
Car c'est en badinant,
  En folâtrant,
  Qu'on rend
  L'Amant
  Constant,
Qu'on rend l'Amant constant.

LES AMOURS

BASTIENE.

Air : Noté N°. 6.

Quand je le vois,
Je pards la voix.....
Mais je r'gard' si mes manches
Sont blanches,
Si ma collerette
Est bien faite,
Si j'ai lassé drêt
Mon corset,
Si mon jupon
Fait bian le rond,
Et si mes sabiots
Sont biaux.

COLAS.

Air : *Javote enfin vous grandissez.*

Pour ramener un inconstant,
Il faut paroître un peu coquette,
Et fair' semblant de fuir l'Amant
Que d'bonne amiquié l'on souhaite ;
Car c'est ainsi, car c'est comm'ça,
(La leçon est utile,)
Que font lonla, farla rira,
Les Dames de la Ville.

BASTIENE.

Air : *Des Corsaires.*

Je sis contente
La leçon m'sarvira.

DE BASTIEN ET BASTIENE.

COLAS.
S'rais-vous réconnoissante ?

BASTIENE *en lui faisant une révérence.*
Autant qu'il vous plaira.

COLAS *à part.*
Ah ! Qu'elle est innocente !
à Bastiene. R'pernais vot' belle himeur,
Ma pauv' petite,
Vous en serais quitte
Pour la peur.

BASTIENE.
Adieu, Monsieur.

SCENE III.

COLAS, *seul.*

Air : *De France & de Navarre.*

PAr ma foi ce couple d'Amans
Paroît une marveille ;
On ne sauroit trouver qu'aux champs
Innocence pareille.
L'esprit en tout autre pays
Brille dès la lisiere ;
Fillete à cet âge, à Paris,
En revend à sa mete.

Air : *Je vous apperçus l'autre jour.*

Mais j'apperçois venir ici
    Notre Amant débonnaire :
Eh v'la pourtant l mignon joli,
    Qu'aux Meſſieux on préfere !
Ferluquets, ſi fiars, ſi pinpans,
    Cette leçon eſt bonne ;
Cheux vos bell' on voit des manans,
    Quand pour vous gnia perſonne.

SCENE IV.
BASTIEN, COLAS.

BASTIEN.
Air : *Si le Roi m'avoit donné.*

D' M'avoir inſtruit de mon bian,
    Je vous remarcie.
Non, ſans Baſtiene, il n'eſt rian
    De biau dans la vie :
Tout cet or qu'on me promet,
J'vous l'envoye au barniquet :
    J'aime mieux ma mie,
        O gué !
    J'aime mieux ma mie.

COLAS.
Air : *Adieu paniers Vendanges ſont faites.*

Las d'aller conter des fleurettes,
Vous vous rendais à mes avis ;

DE BASTIEN ET BASTIENE.

Trop tard vous les avais suivis,
Adieu paniers, Vendanges font faites!

BASTIEN.

Air : *Je n' lui je n' lui donne pas.*

Comment donc on a vendangé?
Que voulais-vous me dire?

COLAS.

Que l'on te donne ton congé.

BASTIEN.

Allais, vous voulais rire.
Pour m'ôter fon petit cœur, hélas!
Ma Baſtiene eſt trop tendre :
A d'autre all' ne l· donn'ra pas.

COLAS.

Mais le laiſſera prendre.

BASTIEN.

Air : *A table je ſuis Grégoire & Tyrſis ſur le gazon.*

Bon, bon, vous m'contais eune Fable :
Si Baſtiene aime, c'eſt moi;
Pour me faire un tour ſemblable,
Alle eſt de trop bonne foi.
Quand je la trouvons gentille,
A m'trouve auſſi biau garçon,
Et Baſtiene n'eſt pas fille
A dire un oui pour un non.

BASTIEN.

Air : Que de bi, que de bariolets!

L'aventure est cruelle!
J'en demeure tout stupéfait.
Pour ravoir cette belle,
Sauriais-vous un secret!

COLAS.

Air : J'ai rencontré ma mie.

Ah, mes pauvres enfans
J' vous plains fort;
Car j'aime que les gens
Soient d'accord.
Tout d'abord,
Dedans ce grimoire,
Je sçaurai ton sort.

Il tire de sa besace un livre de la Bibliothéque bleüe, & fait en lisant plusieurs contorsions qui font enfuir BASTIEN.

Manche,
Planche,
Salme,
Palme,
Vendre
Cendre,
D'jo
Lo,
Mecre,
Necre,

Mir lar lun brunto.
Tar la vistan voire,
Tar lata qui plo.

BASTIEN.

Air : *Ton himeur est Catherine.*

C'est-i'-fait minon minette?

COLAS.

Oui, oui, tu peux t'approcher,
Tu va voir ta Bargerette.

BASTIEN.

Mais pourons-je la toucher?

COLAS.

Oui si tu n' fais pas la bête;
Si tu prends un air galant,
Et si dans le tête à tête
Tu n'est pas un ignorant.

Air : *Ah! Maman, que je l'echapai belle.*

L'Amour veut que l'on soit téméraire,
Il faut lutiner,
Papillonner
Prés d'sa Bargere.
Quoiqu' souvent on fass' tant la sévére,
Morguene, un tendron
Veut qu'un garçon soit sans façon.

LES AMOURS

Quand on trouve sa belle au bocage,
N' faut pas fair' le sot
Ni le magot,
Faut du langage.
La Fillette rougit, c'est l'usage;
Fille qui rougit
Tout bas approuve ce qu'on dit.

❦

Du discours on passe au badinage,
La belle tout net
Donne un souflet,
Car c'est l'usage;
A prendre un baiser ça vous engage;
Petit à petit
L'Amour ainsi fait son profit.

―――――――――

SCENE V.

BASTIEN, *seul.*
Air : *Et j'y pris bian du plaisir.*

J'Allons donc de ma Brunette
Voir encor les doux appas ?
J'aimons bian mieux c'te poulette
Que tous les plus biaux ducats,
Adieu grandeur & richesse
D' vot' éclat j' pardons l' souv'nir,
Sans vous, près d' ma cher' maîtresse,
J'ons cent fois bian pus d'plaisir.

DE BASTIEN ET BASTIENE.

Même air.

Ces Meſſieurs de la finance,
Qui font envieux de tout,
Aimions tant ſon innocence,
Qu'ils voulions l'avoir itou :
Sarviteur à leu puiſſance,
Ailleurs ils pourront choiſir ;
Ils n'auront qu'eun' réverence,
Et nous, j'aurons tout l'plaiſir.

SCENE VI.
BASTIEN, BASTIENE.

BASTIEN.

Air Noté : No. 7 Du Devin de Village.

LA voici... tôt décampons...
Si j'fuyons, je la pardons.

BASTIENE.

Il me voit l'ingrat.
Ah ! le cœur me bat.

BASTIEN.

Pargué je n'ſavons.
Ce que je frons,

B

LES AMOURS

BASTIENE.

Sans le faire exprès,
Me voilà tout près.

BASTIEN.

Parlons l'y tout net,
Risquons le paquet :
Ah ! c'est vous ! vous vla !
Dam', itou me vla, da.

Air : *Que fais tu là bas.*

Bastiene vous rêvais,
Et qu'est c'qu' ous avais ;
Est-c'que vous m'fait' la meine.

BASTIENE.

Je n'vous r'connois pas,
Non, Bastien.

BASTIEN.

Hélas !
R'gardais moi donc Bastiene.

BASTIENE.

Air : *Les Vendangeuses.*

Fidele,
Sans moi, mon cher Bastien,
N'aimoit rien ;
Mon cœur étoit tout son bien
I' m'trouvoit si belle !
I' m'trouvoit si belle !

Et les plus brillans appas
Ne le touchoient pas,
Me plaire,
C'étoit sa seule affaire,
Dans tous ses discours
I' n' parloit que d' ses chers amours;
Toujours.
Tredame !
Pour attendrir son ame,
Si queuque grand' Dame
Pour lui plein' de flâme,
Lui f' fait un présent,
I' m'loffroit à l'inſtant.
Fidele,
Sans moi, mon cher Baſtien
N'aimoit rien ;
Mon cœur étoit tout son bien.
Envain je l'appelle,
Envain je l'appelle,
Je n'vois au lieu d'mon amant
Qu'un inconſtant.

BASTIEN.

Air : *C'eſt une excuſe.*

J' voyons bian c'qui peut vous fâcher,
C'eſt qu'vous croyais qu'jons pus changer,
T'nez c'eſt c'qui vous abuſe :
C'étoit un sort de queuque esprit ;
Mais le bon Colas la détruit.

BASTIENE.

Mauvaise excuse.

LES AMOURS

Air: *Je ſuis malade d'amour.*
Si vous aviais un ſort, eh bien,
Pareil malheur m'obſede;
Mais le bon Colas n'y peut rien,
Et tout ſon art y céde;
Baſtien, pour un ſort comme le mien,
Il n'eſt point de remede.

BASTIEN.

Air: *Mon Papa toute la nuit.*
Mariais, mariais, mariais vous,
Ça garit les ſorcileges,
Mariais, mariais, mariais vous,
Rian n'eſt ſi bon qu'un Epoux.

BASTIENE.

Air Noté: No. 8. *J'ai trouvé l'Alloüete.*

On n'a dans le mariage
   Que du ſouci,   (bis)
Quand on prend un volage
   Pour ſon mari,
C'eſt un trouble ménage,
   Oh, oh!
Eſt-ce l'moyen d'êt' ſage,
   Oh que nani.

BASTIEN.

Air: *Raiſonnez ma muſette.*
Puiſqu'ous êt' ſi ſauvage,
A la Dam' du village
J'nous allons drès ce jour.

Rendre amour pour amour.

BASTIENE.

Même air.

Moi j'courons à la Ville;
C'eſt-là qu'i' m' s'ra facile,
D'avoir cent favoris,
Comm' les Dam' de Paris.

BASTIEN.

Même air.

J' naj'rons dans l'opulence,
Eun' maîtreſſ' d'importance
Au gré de mes déſirs,
Va payer mes plaiſirs.

BASTIENE.

Même Air.

A Paris la richeſſe
S' prodigue à la jeuneſſe,
Et pour en ramaſſer,
Tien, l'on n'a qu'a s'baiſſer.

Ils font ſemblant de s'en aller & ſe renſontrent comme ils reviennent.

BASTIENE.

Air : *Dans un détour.*

Quoi, vous voila !
Mais j'vous croyois bien loin déja.

BASTIEN.
Vraiment, l'on s'en va,
J'nous apprêtons pour cela,
La.

BASTIENE.
Vous n'aurais sûrement
Nulle peine à me fuïr, inconstant.

BASTIEN.
Je vous f'rons du plaisir
Drès que j'nous dispof'rons à partir.

BASTIENE.
Vous agirais,
Monsieur, ainsi, comm' vous voudrais.

BASTIEN.
Parlais-vous tout d'bon ?
Dois-je rester ici ?

BASTIENE.
Oui...
Non.

BASTIEN.
Air Noté : N°. 9. *Un brave gentiz-homme.*
Ma peine vous rend fiere ;
Mais tout de c'pas,
J'm'en vas,
Morgué, j'm'en vas
Me j'ter dans la riviere
Vous n'me retenais donc pas ?

DE BASTIEN ET BASTIENE.

BASTIENE.

Ah! Je n'm'en fouci' guere.

BASTIEN, à part.

Air : *L'Amour me fait lon lan la.*

J' ferions pourtant trop bête
D'aller là nous plonger.

BASTIENE.

Qu'eſt - c'donc qui vous arrête ?

BASTIEN.

Je n' ſçavons pas nâger,
Et pis avant d'être mort,
J' veux vous parler encor.

BASTIENE.

Air Noté : N°. 10. *Les Niais de Sologne.*

Non, infidele,
Cours à ta belle
Soins ſuperflus,
Non, Baſtien, je n'vous aime plus.

BASTIEN.

A la bonne heure,
Tu veux que j'meure,
Eh bian, je vais....
Du Hamiau ſortir pour jamais.

BASTIENE.

L'ingrat me quitte !

LES AMOURS

BASTIEN.

Oui, tout de suite :
Voudrois-tu donc
Que j'allions comm' ça sans façon,
Être de ton joli Monsieur,
Le sarviteur ?

BASTIENE.

Bastien, Bastien.

BASTIEN.

Vous m'appellais ?

BASTIENE.

Vous vous trompais.
Quand j'te plaisois,
Dam', tu m' plaisois.

BASTIEN.

La belle' marveille !
Quand tu m'aimois,
Moi, j'taimois.

ENSEMBLE.

Tu me fuis, va, je te rends la pareille,
Deviens volage,
Je me dégage ;
D'un autre amour,
J'prétendons tâter à mon tour ;
Nouviau ménage

N'est qu'avantage,
Et chacun m'dit
Que ça réveille l'appétit.

BASTIEN.

Quoique l'on prise....

BASTIENE.

Quoique l'on dise.

BASTIEN.

Ces grand' Maîtresses.

BASTIENE.

Des grand' richesses.

BASTIEN.

Si tu voulois...

BASTIENE.

Si tu voulois...

ENSEMBLE.

Renouer nos amours,
Je te pourois...

BASTIEN.

Toujours aimer.

BASTIENE.

Aimer toujours.

LES AMOURS

BASTIEN.

Rends moi ton cœur,
Fais mon bonheur;
Viens dans mes bras.

BASTIENE.

Hélas!
Qu'il est charmant
De faire un heureux dénouement.

ENSEMBLE.

Va je m' rengage,
Et fans partage :
Tian, vla ma foi,

BASTIEN.   { Ton cher Baftien eft tout à toi.
BASTIENE. { Ta chere Baftiene eft toute à toi.

Plus de langage,
De varbiage,
A nos dépens
Ne faifons pas rire les gens.

SCENE VII.

BASTIEN, BASTIENE, COLAS.

COLAS.

Air Noté : No. 11.

MEs Enfans, après la pluie,
On voit toujours v'nir l' biau tems;
Rendais grace à ma Magie,
A la fin vous vla contens :
Allons, mariais-vous,

DE BASTIEN ET BASTIENE.

Votre nôce est déja prête ;
Allons, mariais-vous,
 De la Fête
 Je s'rons tous: *On danse.*

COLAS, BASTIEN, BASTIENE.
Même Air.

Allons gai gens de Village,
Chantais les Epoux nouviaux ;
Pour fêter { not' / leur } Mariage,
{ Faisons / Faites } claquer { nos / vos } sabiots ;
{ Sautons, faisons / Sautez, faites } fracas ;
Chantais Bastien & Bastiene ;
L'Hymen, grace à Colas,
{ Nous / Les } enchaîne
Dans ses las.

LE CHŒUR.

Sautons, faisons fracas,
Chantons Bastien & Bastiene ;
L'Hymen, grace à Colas,
Les enchaîne
Dans ses las.

BASTIEN, BASTIENE.
Même Air.

Vive la Sorcellerie
Du fameux Sorcier Colas ;
Il falloit tout' sa Magie

LES AMOURS DE BAST. BAST.

Pour nous tirer d'embarras.

BASTIENE.

Il viant d'rapatrier
Bastien avec sa Bastiene.

BASTIEN.

Il viant d'nous marier ;
Jarniguene,
Queu Sorcier !

Le Chœur.

Il viant d'rapatrier
Bastien avec sa Bastiene ;
Il viant d' les marier,
Jarniguene,
Queu Sorcier !

FIN.

La Ronde & le Duo sont gravés à part.

APPROBATION.

J'Ai lû par Ordre de Monseigneur le Chancelier, les *Amours de Bastien & Bastiene*, Parodie du *Devin de Village*, & je crois que l'on peut en permettre l'impression, ce 13 Août 1753.

CREBILLON.

Le Privilège est à la fin des autres Parodies.

Buveur fidelle

N.º 6

Quand je le vois

www.ingramcontent.com/pod-product-compliance
Lightning Source LLC
Chambersburg PA
CBHW060504050426
42451CB00009B/812